ステフィン・カリー

Stephen Curry

信念は社会を変えた！

ジェフ・ブラックウェル＆ルース・ホブデイ／編　橋本 恵／訳

NELSON MANDELA
FOUNDATION
Living the legacy

Interview and photography
Geoff Blackwell

ステフィン・カリー

ネルソン・マンデラと、その遺志《いし》に捧《ささ》ぐ

自分が何を信じるか、

何に賛成するか、

わかっている。

何に反対するかも、

わかっている。

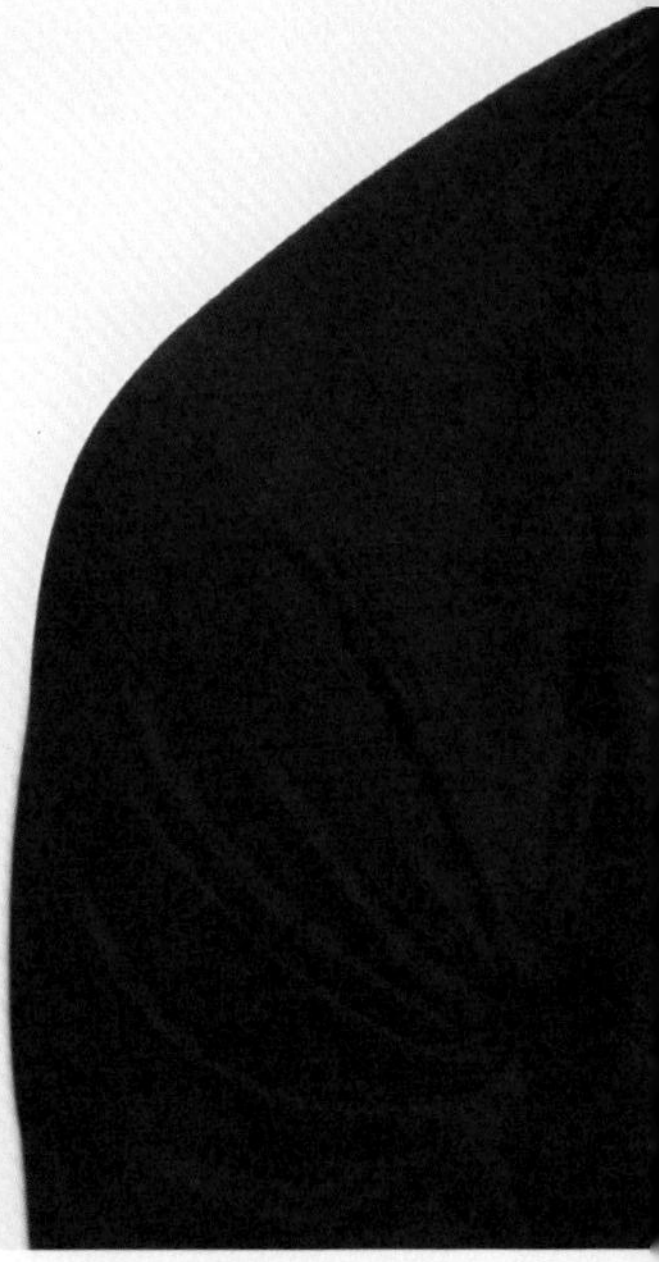

序章

ステフィン・カリーは子どもの頃《ころ》、バージニア州グロットーズで、バスケットリングと出会った。それはまともなリングではなく、古びた電柱に、ガラス繊維《せんい》製のバックボードと、頑丈《がんじょう》なリングを取り付けただけのものだった。だが粗末《そまつ》でもカリーの祖父のお手製であり、NBA（全米プロバスケットボール協会）のベテラン選手である父親のデル・カリー*〈i〉が、かつて練習したリングだった。祖母*〈ii〉に会いに一家で帰省した時は、祖母の家の裏手《うらて》で、弟のセス*〈iii〉とシュート練習ばかりしていた。

このお手製リングはシュートしにくい位置にあり、足場も不安定だったので、かえって才能を試す絶好の場となった。しかしバスケの基本を学べたのは、父親のおかげだった。カリーが子どもの頃《ころ》、父親のデルは当時所属していたシャーロット・ホーネッツの試合に、よく二人の息子《むすこ》を連れて行き、チームのウォームアップに参加させていたのだ。カリーは自宅《じたく》でも父親と裏庭《うらにわ》で夜遅《よるおそ》くまで延々《えんえん》と練習し、母親が止めるまで、練習を切りあげなかった。

カリーの猛《もう》練習は報《むく》われ、シャーロット・クリスチャン高校（ノースカロライナ州）でプレーした後、地元のデイビッドソン大学にリクルートされた。とはいえ、そこは第一志望の進学先ではなかった。父親と同じく、バージニア工科大学のホーキーズ*〈iv〉でプレーしたかったのだが、体つきが華奢《きゃしゃ》だったこともあって、かなわなかったのだ（当時のカリーは、身長が一八三センチ、体重が七十二キロと、バスケ選手としては華奢《きゃしゃ》だった）。

しかし、結果的にデイビッドソン大学に進学したのは成功だった。デイビッドソン・ワイルドキャッツのヘッドコーチ、ホブ・マッキロップの指導のもと、カリーは技術を磨《みが》き、才能を開花させたのだ。

一年目のシーズン（訳注《やくちゅう》：二〇〇六—〇七）では、NCAA（全米大学体育協会）の一年生におけるスリーポイントシュート成功数新記録を樹立《じゅりつ》し、サザン・カンファレンス（訳注《やくちゅう》：NCAAでは「リーグ」のことを「カンファレンス」と呼《よ》ぶ）のトーナメントMVP、および同カンファレンスの新人王に選出された。

二年目のシーズン（訳注《やくちゅう》：二〇〇七—〇八）では、NCAAトーナメントで、デイビッドソン・ワイルドキャッツの三十五年ぶりのエリート8（訳注《やくちゅう》：ベスト8。準々決勝《じゅんじゅんけっしょう》）進出に貢献《こうけん》した。

「デイビッドソン大学に進学し、大学レベルのバスケでプレーして勝ったことで、ある意味、僕《ぼく》という人間の土台ができた。何かを築くのがどういうことかも、理解できた。本当の意味で、誰《だれ》にも取り上げられることのない、自分だけのものを築くことの意味を学ばせてもらった」*1

カリーは大学四年には進学せず、デイビッドソン・ワイルドキャッツに別れを告げ、二〇〇九年のNBAドラフトにアーリーエントリー（訳注《やくちゅう》：プロスポーツにおける選手契約《けいやく》システムで卒業を待たずにチームに加入できる）した。その頃《ころ》には身長が一九一センチまで伸《の》び、体重も増えていた。そして大学での実績を考慮《こうりょ》され、ゴールデンステート・ウォリアーズ（訳注《やくちゅう》：カリフォルニア州サンフランシスコに拠点《きょてん》を置くNBAのチーム）から全体七位指名を受け、ポイント・ガードとして先発出場するようになった。

その後チームはNBAファイナルで三回優勝《ゆうしょう》し（訳注《やくちゅう》：二〇一五年、二〇一七年、二〇一八年）、カリーは入団して十年以上経《た》った今も、ウォリアーズでプレーしている。

いまやカリーは、スポーツ・イラストレイテッド誌《し》（訳注《やくちゅう》：アメリカで最も一般《いっぱん》的なスポーツ週刊《しゅうかん》誌《し》）に「NBAはステフィン・カリーのようなシューターを見たことがない」*2と称《しょう》されるくらい、歴代最高のシューターと見なされる立場になった。しかし、世間で議論《ぎろん》の的になる社会問題について、今なお、ひるむことなく発言している。たとえば二〇一六年、アフリカ系《けい》アメリカ人に対する警察《けいさつ》の相次ぐ射殺《しゃさつ》事件への抗議《こうぎ》として、サンフランシスコ・フォーティナイナーズ（訳注《やくちゅう》：カリフォルニア州サンタクララに拠点《きょてん》を置く、アメリカンフットボールのプロチーム）でクォーターバックを務めるコリン・キャパニック選手は、試合前の国歌斉唱《せいしょう》の時、人種差別への抗議《こうぎ》の意味を込《こ》めて、ベンチに座《すわ》ったまま立たなかった。トランプ大統領を始めとして、アメリカ国旗に対して無礼だと憤《いきどお》る者もいたが、この行動を支持する声も多く上がった。カリーもキャパニックの勇気ある行動を支持し、キャパニックは有色人種に対する警察《けいさつ》の横暴に抗議《こうぎ》することで、この問題に世界中の注目を集めた、と称賛《しょうさん》した。

それから一年後、カリーの所属チームは二〇一七年NBA優勝《ゆうしょう》にともない、ホワイトハウスから招待されたが、これを断り、代わりに四十名の小学生とともに、ワシントンDCにある国立アフリカ系《けい》アメリカ人歴史文化博物館で過ごした。これについて、カリーは「祝賀会や優勝《ゆうしょう》に関する発言の報道を、自分たちでコントロールできるようにしたかった。ポジティブな感情や愛情を広めようとしない第三者に、代弁されたくなかったんです[*3]」と説明している。

こうした信念は、家庭でも貫《つらぬ》かれている。カリーは妻アイーシャとの間に二人の娘《むすめ》と一人の息子《むすこ》がいるのだが、夫と父親という立場になることで、自分らしさを貫《つらぬ》くことと平等の大切さを学んだと言っている。「僕《ぼく》の話に耳を傾《かたむ》けてくれる人には誰《だれ》にでも、自分自身を受け入れ、自分らしく生きるように勧《すす》めています。それだけで十分だ、と。もちろん働く必要はあるし、成長と進化は続けなければならないけれど、人は誰《だれ》しも唯一無二《ゆいいつむに》の存在《そんざい》だから、自分自身の人生を生きていけばいいんです」

コートの外のカリーは、女性の権利《けんり》と、人種の平等と、社会正義を支持している。コートの中のカリーは、勤勉《きんべん》と自信と確固たる意志の手本だ。スポーツファンのみならず、新人アスリートの模範《もはん》でもあるカリーは、自分らしさを貫《つらぬ》き、不屈《ふくつ》の努力を重ね、思いやりを持つことが、プロとしても個人としても重要であり、さらにそれこそが現代に欠かせない資質であることを、思い出させてくれる。

自分の夢は何か、

人生で本当にしたいことは何か、

じっくりと考えて気づいたら、

常に努力する覚悟《かくご》が必要です。

それがスポーツであろうと、

他の分野であろうと、

人一倍努力すれば、

成功を手にすることができます。

プロローグ

二〇〇一年の夏、十三歳《さい》だった僕《ぼく》は、チームメートと共に、テネシー州で開催《かいさい》されたAAU（訳注《やくちゅう》：アマチュア・アスレチック・ユニオン。様々《さまざま》なアマチュアスポーツを統括《とうかつ》している団体）の全国大会に出場した。当時、身長はせいぜい一七〇センチ、体重は四十五キロ程度しかなく、汗《あせ》だくで戦った。

しかしチームは大敗し、僕《ぼく》のプレーもひどかった。

一年間待ちわび、実力をアピールする絶好のチャンスだった。それをようやく手に入れたのに、僕《ぼく》は失敗した。失敗どころか、大失敗だ。正直なところ、警鐘《けいしょう》を鳴らされた気がした。事実を告げられた決定的瞬間《しゅんかん》といってもいい。事実から学べることがあるとすれば、ただひとつ。実力不足、ということだ。

ホテルに戻《もど》って――確か、ホリデイ・イン・エキスプレス（訳注《やくちゅう》：リーズナブルな価格のホテルチェーン）だったと思う――ふさいでいたのを覚えている。やけを起こしたわけではない。負けて怒《おこ》っていたわけでもない。ただ、とにかく、落ち込《こ》んでいた。がっかりして、自分の殻《から》に閉《と》じこもっていた。あの時は、大きなトーナメントや過酷《かこく》なバスケ文化を通して「こう感じるべき」と叩《たた》きこまれた絶望感を、味わっていた。それは、「この業界は、負けたら終わり」という絶望感だ。

僕《ぼく》の父さんはバスケ業界で生き抜《ぬ》いて、NBAまでたどり着いた。じゃあ、息子《むすこ》の僕《ぼく》は？同じ十三歳《さい》の選手の中で足跡《あしあと》さえ残せない、体《てい》たらくだ。

だから、さっきも言ったように、怒《おこ》ってはいなかった。むしろ、「しかたない。もう、おしまい？　実力不足？　強制終了《しゅうりょう》？」みたいな感じだった。

あの時は、完全に終わったと思っていた。

けれど、テネシー州のホリデイ・イン・エキスプレスの部屋で、両親が僕《ぼく》を座《すわ》らせ、僕《ぼく》の人生で一番重要といっていい話をしてくれたのも、あの時だった。

とにかく素晴らしい言葉だったから、書き留めてあればよかったのに、残念だ。ざっと説明しよう。話したのは主に母さんだった。母さんは僕《ぼく》に言った。「ステフ（ステフィンの愛称《あいしょう》）、一度しか言わないから、よく聞いて。今回の夢にまで見た大会の後は、なるようになる。ただ、ひとつだけ言っておく。あなたの人生を決められるのは、あなただけ。どこかのスカウトでも、大会でもない。あなたより上手な子どもたちでもない。そして、カリーという名前でもない。他の誰《だれ》かや、他の何かに、あなたの人生は決められない。決められるのは、あなただけ。だから、自分の人生について、じっくりと考えなさい。急がなくていいから、考えて。そして考え抜《ぬ》いたら、前に踏《ふ》み出して、好きなように生きなさい。ただし、これだけは忘《わす》れないで。あなたの人生は、あなたのものよ」

ああ、あの時のことは、一生忘《わす》れられない！

バスケ選手としてキャリアを積むなかでも、この教えはずっと忘《わす》れなかった。人生で最高のアドバイスだ。冷たくあしらわれたり、低評価されたり、徹底《てってい》的に無視《むし》されたりして、助けが必要になった時はいつでも、母さんのこのアドバイスを思い出せば耐《た》えられた。

辛《つら》い時は、自分にこう言い聞かせてきた。「自分の人生を決められるのは、自分だけ。人生は、自分だけのもの」と。

でも、ちょっと待った！「子どもを励《はげ》ませば、すぐに万事《ばんじ》解決」的なおとぎ話かよ、なんて、勘違《かんちが》いしないでほしい。なぜなら、そんなわけ、絶対にないのだから。

その後も僕《ぼく》は、あいかわらず、嫌《いや》になるくらい、まったく目立たない存在《そんざい》だった。

痩《や》せすぎだったせいもある。あの頃《ころ》の僕《ぼく》は、とにかく、めちゃくちゃ、痩《や》せていた。どう頑《がん》張《ば》っても、体重が増えなかった。当時は、いとこのウィルと、近所の小さなショッピングモールのドラッグストアによく行って、体重を増やす奇跡《きせき》の薬がないものかと、棚《たな》をのぞき回っていた。いつも金欠だったから、実際に買うつもりはなかった。ただ、その……なんと言ったらいいんだろう？　ドラッグストアの魔法《まほう》の粉を吸《す》いに行く、みたいな感じだった。いつも二十分くらい、のんびりと、『絶対おすすめ。ホエイプロテイン』のような、謎《なぞ》めいた粉が入った巨大《きょだい》な容器の列をながめていた。

そうしたら、なんと！　ある日、奇跡《きせき》が起こった。ぼくもウィルも、マッチョになった！

なんて冗談《じょうだん》はさておき、僕《ぼく》らはただの一度も、マッチョにならなかった。正直に言うと、ほんの少し背《せ》が伸《の》びたのを除《のぞ》けば、高校時代の僕《ぼく》に対するスカウトの評価は、ほぼ決まって「チビ、痩《や》せ、シュートはまあまあ」だった。

その結果どうなったかは、ご想像の通りだ。

大学のスカウトと初めて会った十一年生（訳注《やくちゅう》：日本では高校二年生）の時のことは、今も覚えている。バージニア工科大学が僕《ぼく》に興味を持った――というか、正確には、興味があると言ってきた。僕《ぼく》を欲《ほ》しがるのは、それなりに筋《すじ》が通っているように思えた。父さんの出身校だし、僕《ぼく》もバージニア工科大学に進学したいと何度かコメントしていたからだ。実は、背番号《せばんごう》の候補《こうほ》まで考えていた。

そして、とうとうある日、アシスタントコーチが僕《ぼく》の高校に立ち寄ると言ってきた。おいおい、それって、僕《ぼく》に会いに来るってこと？　一言でいうと、僕《ぼく》は完全に早合点した。僕《ぼく》にオファーをしに来ると、大真面目《まじめ》に考え始めた。

そこで、ランチミーティングをしませんか、と提案した。ランチミーティングなんて、かっこいいと思った。響《ひび》きもプロっぽい気がした。といっても、当時の僕《ぼく》は、まだ十六歳《さい》。生徒は総勢三百六十名という小さな学校の選手にすぎないし、ランチの場はただのカフェテリアだ。しかも、ランチタイムのカフェテリアには、全校生徒がそろう。だから、今から思えば、かっこよくなかったのかもしれない。

自分のやることに情熱を持つこと。

ぼくの場合、それはバスケ。

バスケへの情熱があったからこそ、

ここまで来られたんです。

とにかく運命の日、とうとうランチタイムになり、アシスタントコーチがカフェテリアに入ってきた。ホーキーズのポロシャツを着て、ホーキーズのデカい帽子《ぼうし》をかぶっている。僕《ぼく》らは握手《あくしゅ》をして、席についた。

正直に、告白しよう。この時点で、僕《ぼく》は完全に、自意識過剰《かじょう》になっていた。全校生徒が、僕《ぼく》とコーチとのミーティングを噂《うわさ》している。カフェテリアにいる誰《だれ》もが、見ないふりをしながら、実は見ている。なんといっても、これはパワーランチ（訳注《やくちゅう》：打ち合わせをしながらとるランチ）だ――。そう思って、有頂天《うちょうてん》になっていた。

その時、アシスタントコーチが切りだした。「やあ、ステフィン、時間をとってくれてありがとう。本当にうれしいよ。君には、ウォークオン（訳注《やくちゅう》：奨学金《しょうがくきん》なし）でのオファーをしようと思っている」

どうしてバージニア工科大学のアシスタントコーチは僕《ぼく》に会いに来たんだろう？　父さんに気を遣《つか》ったわけではないと思う。父さんは、そんなことを頼《たの》むような人じゃない。それよりも、一応会っておくか、みたいな感じだったのだろう。伝説のバスケ選手デル・カリーの息子《むすこ》に、ウォークオンのオファー？　大学には、自分で金を払《はら》って来い？　要するに、バージニア工科大学は僕《ぼく》に「興味なし」だった。

＊

僕《ぼく》が進学したデイビッドソン大学では、何もかもが質素だったのを覚えている。断っておくが、今では笑い話にすぎない。今のデイビッドソン大学は最高だ。これを読んでいるみんなには、本気でデイビッドソン大学をお勧《すす》めする。バスケのカリキュラムが整った、素晴らしい大学だ。けれど僕《ぼく》が入学した当時、一番記憶《きおく》にあるのは、僕《ぼく》らのチームは一流大学のバスケチームではないことを、嫌《いや》というほど思い知らされたことだった。所詮《しょせん》、学生アスリートだろ、と宣告《せんこく》された気がした。しかも「学生」は大文字、「アスリート」は小文字だ。ひと言でいえば、「バスケのプレーは最高だけど、学業のレポートは免除《めんじょ》されないアスリート」。練習コートも、バレーボールチームと共同で使っていた。

さらに、用具不足も深刻《しんこく》だった。年間の支給品は、スニーカーが二足、シャツが二、三枚《まい》に、足首サポーターが一組。正直、「それだけ？」と思った。新しいシューズが届《とど》いた時の練習風景は、今なお忘《わす》れられない懐《なつ》かしい思い出のひとつだ。あの時は、もう一回クリスマスが来たみたいに大騒《さわ》ぎになった。足首サポーターに関しては、もう、異《い》次元の状態だった。シーズン初めには真っ白だったサポーターも、シーズン終わりには似ても似つかぬ色に変わっていたのだから。

それでも、愛すべき思い出だ。デイビッドソン大学に進学し、大学レベルのバスケでプレーして勝ったことで、ある意味、僕《ぼく》という人間の土台ができた。何かを築くのがどういうことかも、理解できた。本当の意味で、誰《だれ》にも取り上げられることのない、自分だけのものを築く意味を学ばせてもらった。

デイビッドソン・ワイルドキャッツ（訳注《やくちゅう》：デイビッドソン大学のバスケチーム）のメンバーとして、一生忘《わす》れられない一番の思い出は、なかなか面白い。二年目のシーズン（訳注《やくちゅう》：二〇〇七―〇八年）にNCAAトーナメント*〈v〉三回戦でウィスコンシン大学に勝ったことや、四回戦でカンザス大学と対戦したことだと、誰《だれ》もが思うだろう。しかし、実はどちらでもない。

僕《ぼく》にとって一番の思い出は、この三回戦と四回戦の間に起きた、ある出来事だ。

カンザス大学との対戦前夜、練習後に夕食を食べ終え、引き上げようと廊下《ろうか》を歩いていた僕《ぼく》は、異様《いよう》な光景に出くわした。廊下《ろうか》の角を曲がったとたん、チームメートの約半数が、ウォームアップスーツを着たまま床《ゆか》に座《すわ》りこみ、二〇〇七年当時のでかいノートパソコンに向かっていた。二回戦でジョージタウン大学に勝ち、三回戦でもウィスコンシン大学に勝って、勝利の雄叫《おたけ》びを上げたばかりの仲間が、床《ゆか》にペタンと座《すわ》って、いっせいにカタカタカタ……とタイプしていたのだ。

「えっと、みんな、何してるの？」と尋《たず》ねた僕《ぼく》に、チームメートは声をそろえて答えた。「中間レポート！」

嘘《うそ》ではない。実話だ。当時の僕《ぼく》らにとって人生最大の対戦まで、あと十二時間。なのにチームメートは、なんと廊下《ろうか》で、大学のレポートを書いている。せっせと、必死に、ワード文書で。

ああ、デイビッドソン大学が、心底大好きだ！

少し前に、僕《ぼく》はあることを思いついた。「低評価ツアー（The Underrated Tour)」という、バスケの特別訓練キャンプだ。簡単《かんたん》に説明しよう。バスケのキャンプは、アメリカ全土や全世

界で多数開催《かいさい》されている。どれも素晴らしい特別なキャンプだ。NBAの多くの選手が、アマチュア時代にこうしたキャンプで頭角を現してきた。この手のキャンプは、ぜひ続けてもらいたい。

でも僕《ぼく》は、こうしたキャンプについて、前々《まえまえ》から思っていたことがあった。よく見ればわかるのだが、常に決まった顔ぶれが繰《く》り返し参加している、ということだ。すべてのスカウトに顔が知れている、四ツ星か五ツ星（訳注《やくちゅう》：アメリカのバスケットボールのリクルート業界では、未来のスター選手を五ツ星で評価する）のエリート選手が、全国各地のキャンプを渡《わた》り歩いている。

そこで、僕《ぼく》は考えた。有望なエリート選手は失うものが何もないけど、他の子たちは？　ある短所を欠点と認定《にんてい》されてしまったり、二ツ星か三ツ星のレッテルを貼《は》られてしまったりした他の子たちはどうなる？　そういう子たちもすべてのキャンプに参加するべきだ、などと言うつもりはない（正直、そんなことは誰《だれ》も望んではいない）。でも、もしその子たちが、どんなキャンプにも招待されないシステムになったら？　それは問題だと思う。もしそんなことになったら、バスケが大好きで、ずっとプレーし続けるはずの子たちが、他人からさまざまな制約を受ける状況《じょうきょう》に置かれてしまう。自分が達成できるレベルの限界を、本人たちが自力で試す前に、他人に決められてしまうことになる。

だから僕《ぼく》は、「低評価ツアー」というバスケの特別訓練キャンプを思いついた。対象者は、三ツ星以下の評価を受けた、未契約《けいやく》の高校バスケ選手。バスケが大好きで、「欠点と認定《にんてい》された短所が、実は長所にもなりうる」ことをスカウトたちに示すチャンスを探《さが》している、高校生の選手たちだ。では、このキャンプの最大の特徴《とくちょう》は？　それは、自分以外の人々《ひとびと》に自分の人生を決められたくない、すべての人のためのキャンプ、ということだ。

僕《ぼく》は、これまでの経験で、あることに気づいた。

それは、「ある程度成功した人ならば、低評価された過去の劣等感《れっとうかん》は消えていくだろう」「最終目標を達成したら、劣等感《れっとうかん》は永遠に消えるだろう」と、誰《だれ》もが当然のように考えることだ。

けれど僕《ぼく》自身の経験から言わせてもらうと、はっきり言って、劣等感《れっとうかん》が頭の中から消えることは絶対にない。

僕《ぼく》の頭の中にある劣等感《れっとうかん》は、決して、小さくなることもない。

ＮＢＡの五チームに、ドラフトで僕《ぼく》を取らないと決めたことを後悔《こうかい》させようとした二〇一〇年も、それは変わらなかった。トレード要員以上の価値《かち》があることを示そうとした二〇一一年も、足首の故障《こしょう》を抱《かか》えながら戦い抜《ぬ》こうとした二〇一二年も、僕《ぼく》にはその価値《かち》はないと多くの人が考えた契約延長《けいやくえんちょう》を正解だったと思わせるように奮闘《ふんとう》した二〇一三年もだ。「カリーのプレースタイルはＮＢＡプレーオフでは通用しない」（訳注《やくちゅう》：ＮＢＡプレーオフとは、東西各カンファレンスの代表を決めるトーナメント戦）と思っていた専門家《せんもんか》たちに、そんなことはないと証明しようとした二〇一四年も、「カリーのプレースタイルはＮＢＡファイナルでは通用しない」（訳《やく》注《ちゅう》：ＮＢＡファイナルとは、プレーオフで勝ち上がった東西各カンファレンスの代表二チームが、チャンピオンの座《ざ》をかけて戦う対決）と思っていた専門家《せんもんか》たちに、そんなことはないと証明しようとした二〇一五年もそうだし、シカゴ・ブルズが九六年に樹立《じゅりつ》した七十二勝*〈vi〉の記録を塗《ぬ》り替《か》えようとしていた二〇一六年も、所属チームが三連敗を喫《きっ》した窮地《きゅうち》から脱出《だっしゅつ》しようと奮闘《ふんとう》していた二〇一七年も、自分の怪我《けが》や強敵ヒューストン・ロケッツ*〈vii〉など諸々《もろもろ》の壁《かべ》を乗り越《こ》えようとしていた二〇一八年もそうだ。二〇一九年の今年になっても、歴史的快挙を目指す我《わ》がゴールデンステー

もし公《おおやけ》の場で何かを言うとしたら……

ただの雑談にはしたくない。

人々《ひとびと》に実際に影響《えいきょう》を与《あた》えている問題について

話す場にしたい。

自分が大切に思っていることについて

注目を集める場にしたい。

ト・ウォリアーズを否定《ひてい》したがる人々《ひとびと》に、これでもかと活躍《かつやく》を見せようとしている。

低評価という劣等感《れっとうかん》は、今なお消えることはない。それどころか、ますますぼくの一部分となりつつある。

これこそ、僕《ぼく》がこの十七年間で、自分についてわかった最大の特徴《とくちょう》といっていい。つまり、「低評価」の原点は「世間に押《お》し付けられた感情」にすぎない、ということだ。でも、もしその感情を活用する方法を見つけられるとしたら？　その時は、世間のほうがわかっていないと、低評価のレッテルを貼《は》りかえることができる。

そして考えれば考えるほど、僕《ぼく》らがこの特別訓練キャンプをやると発表したのは、何よりそのためだった、と痛感《つうかん》するようになった。実際に「低評価ツアー」を始めたのも、もちろんそのためだ。すでに一回キャンプを開催《かいさい》したけれど、実に素晴らしい体験だった。

もしこのツアーが過去に開催《かいさい》されたとして、トライアルに呼《よ》ばれなかったのは誰《だれ》だと思う？

そう、僕《ぼく》だ。

これだけは、言っておく。僕《ぼく》は、呼《よ》ばれなかった過去の自分に、素質があると本気で思うようになってきた。
舐《な》めてもらっちゃ困《こま》る。
とんでもない素質を秘《ひ》めているのだから。

ステフィン・カリーのエッセイ「低評価」『プレーヤーズ・トリビューン』

二〇一九年一月十日

インタビュー

――自己紹介《じこしょうかい》をお願いできますか？

僕《ぼく》は、ステフィン・カリー。父親であり、夫であり、プロのバスケットボール選手です。

――あなたにとって本当に重要なものは、何ですか？

家族です。いろいろ経験させてもらい、愛情を分かち合い、支え合っているという意味で、家族ですね。僕《ぼく》にとって幸せの原点です。愛する大切な人たちと人生を共にできるのは、幸せなことですから。家族がいてくれるおかげで、自分がしていることを広い視野《しや》からとらえることができるんです。

――子どもの頃《ころ》、やりたいこととか、夢とか、具体的にありましたか？

子どもの頃《ころ》は、何でもやりたがるタイプでしたね。スポーツは大好きでした。スポーツは、人生で初めて本気で好きになったものです。いろいろなスポーツをするのが好きでしたね。スポーツのおかげで、自分自身について深く学び、個性を伸《の》ばし、自信を深められたと思っています。繰《く》り返しになりますが、自分が他人にどう影響《えいきょう》を与《あた》えられるかといった、自分自身についての学びを深められました。特に天から与《あた》えられた才能を、幼《おさな》い頃《ころ》からどう活《い》かすか、学びましたね。

といっても冒険《ぼうけん》好きだったんで、目新しい経験をして楽しんでいただけ、ともいえますけど。僕《ぼく》について誰《だれ》もが言うのは、そこなんじゃないかな。いつも笑って、いつも楽しんでいる子だった、と。

――夢を追うタイプですか？　子どもの頃《ころ》の大きな夢は、何でしたか？

夢はたくさんありましたね。子どもの頃《ころ》は、まちがいなく、バスケがらみの夢ばかり見ていました。ただ当時は、夢がどうなっていくかまでは、わかっていませんでした。わかっていたのは、バスケをするのが大好きで、バスケの練習も大好きで、素質があるということ。このままプレーし続けて、将来《しょうらい》いつかＮＢＡでプレーできたらいいな、くらいに思っていました。当時の夢が今の僕《ぼく》の人生や影響力《えいきょうりょく》や発言力とどうつながるのかはわかりませんが、バスケは間違《まちが》いなく、幼《おさな》いころに植え付けられた種ですね。見事に花開いてくれました。

——手本を見せてもらったり、知恵《ちえ》を授けてもらったりして、特に励《はげ》まされた相手は、これまでにいましたか？

幼《おさな》い頃《ころ》の僕《ぼく》にとって、それはつねに両親でした。手本を見せてくれるだけでなく、高いレベルの自制心と忍耐力《にんたいりょく》と勤勉《きんべん》さを教えてくれる両親に恵《めぐ》まれました。両親は言葉だけでなく、日々《ひび》の行動や、人生の目標をかなえていく姿《すがた》を通して、教えてくれました。

他にも、素晴らしいコーチと出会ってきました。僕《ぼく》の長所を見てくれ、才能を開花させるのに力を貸してくれた、素晴らしいコーチたちです。いっしょに取り組んでいる時は、目の前のことに集中するせいで、コーチたちの強い影響力《えいきょうりょく》をあまり感じないんですけどね。

コーチたちは相談役として、つねに寄り添《そ》ってくれます。チームや生活環境《かんきょう》が変わった後で振《ふ》り返ると、感受性の強い年代の時に、それぞれのコーチが手本を見せてくれ、僕《ぼく》の成長に献《けん》身《しん》的に尽《つ》くしてくれたことがどれだけ大きく影響《えいきょう》したか、改めて実感します。チームでプレーするようになった九歳《さい》の頃《ころ》から、NBAでプレーしている現在に至《いた》るまで、僕《ぼく》をいろいろな理由で正しい方向へ導いてくれたコーチを五人挙げられます。彼《かれ》らには、一生、感謝し続けますね。

――ご両親の価値観《かちかん》の中で、あなたが子どもの頃《ころ》から覚えている、強い影響《えいきょう》を受けた価値観《かちかん》は何ですか？

一番影響《えいきょう》を受けた価値観《かちかん》は、誠実《せいじつ》さですね。それと、優《すぐ》れた判断を下し、勤勉《きんべん》さを貫《つらぬ》くこと。この三つが、両親から教わった基本的な価値観《かちかん》だと思います。あとは、神が僕《ぼく》を見守ってくれ、僕《ぼく》がとる一つ一つの行動を正しい方向へ導いてくれると信じること。試合の時も、苦境の時も、やりたいことや夢がある時も、信仰《しんこう》を持ち続けること。今日にいたるまで、その点は揺《ゆ》らぎません。

人生には、自分の力がとうてい及《およ》ばないようなことが多々《たた》あります。だからこそ、人生で起こるすべてのことを尊重《そんちょう》し、感謝しています。

――あなたの人生や決断を支えている指針《ししん》や哲学《てつがく》はありますか？

はい、僕《ぼく》の場合、すべての根底にあるのは信仰《しんこう》です。考え事をする時、毎日思い出すのは、「私《わたし》は、私《わたし》を強くしてくださる方によって、どんなことでもできるのです」という言葉（訳注《やくちゅう》：新約聖書《せいしょ》ピリピ人への手紙四章十三節。「私《わたし》を強くしてくださる方」とは、イエス・キリストのこと）です。試合の前に必ず、シューズにこの文章を書いているんです。やると決めたことはきっと何でもやり遂《と》げられる、という自信をつけるために書くんですが、僕《ぼく》のプレーを見てくれる観客へのメッセージにもなってるんです。僕《ぼく》のシューズを見て、「あれ？　油性マーカーで何が書いてあるんだ？」と気づいて読んでくれれば、観客も自分の人生に自信と夢を持てますから。

この言葉が心にあるからこそ、僕《ぼく》はコートの中でも外でも、親として、夫として、どんなことでもできると思っています。たとえ何か起きても、トラブルに見舞《みま》われたり、困難《こんなん》が立ちはだかったりしても、乗り越《こ》えられると思っています。

僕《ぼく》にとって本当に重要なものは、

家族です。

いろいろ経験させてもらい、

愛情を分かち合い、

支え合っているという意味で、家族ですね。

――あなたにとって重要な、日々《ひび》の修練や習慣のようなものはありますか？

修練や習慣というより、一日の始まりに、今日はどんな態度で臨《のぞ》むか、決めることですね。僕《ぼく》には、必要不可欠なことです。毎日、本当にせわしないし、外に出ると一挙一動をチェックされているように感じますが、その日の気分や気力に関係なく、何ごともポジティブにとらえ、他人の長所を見る一日にしようって決めるんです。あとは、前にも言ったように、その日に何が起きても、それを尊重《そんちょう》すること。そうすれば、正しい方向に進めると思っています。

うまくいかない日もありますが、最高の自分、最高レベルの自分になって、自分を高めていくのが重要だと思います。

毎朝、欠かさず決めると言っても、こんな感じです。よし、今日は世の中をどんな風に見る？　ポジティブで行く？　今日、なにかを達成したり乗り越《こ》えたりする時に、自分を励《はげ》ます？　それとも、打ちのめされて、「あーあ、残念だ」って言うのを覚悟《かくご》する？

何をするにせよ、打ちのめされて嘆《なげ》く態度だけは、絶対とらないようにしようと決めています。

――それを後押《あとお》ししてくれる習わしのようなものはありますか？

はい。今は、うちの子どもたちに、いろいろやってもらっています。子どもと目を合わせた時、ニコッと笑ってくれたり、何か言ってくれたりする。それだけで、間違《まちが》いなく良い気分になりますよ。

あとは、ちょっとしたことです。朝、起きた時から、調子が狂《くる》っていることもありますよね。一時間寝坊《ねぼう》したとか、もうちょっと寝坊《ねぼう》したとか。でも、必ずセルフチェックに時間をかけて、こう言うだけでいいんです。「よし、今日は出だしに失敗しちゃったけど、大丈夫《だいじょうぶ》。目の前の仕事をどう克服《こくふく》するか、考えよう」ってね。心の声をちゃんと聞ける状態で、耳を傾《かたむ》けるだけでいいんです。僕《ぼく》の場合、あとはその日次第《しだい》ですね。

――キャリアと人生、両方で目標を達成してきたなかで、あなたにとって一番重要な資質は何だったと思いますか？

キャリアと自分に課した目標のために、ひたすら努力してきたことを除《のぞ》けば、今起きているすべてのことを尊重《そんちょう》し、感謝することに尽《つ》きると思います。順調な時も不調な時も、毎日欠かさず、これまでの経験や、与《あた》えられた才能や、一緒《いっしょ》にプレーする仲間を尊重《そんちょう》してきました。その点では、子どもの頃《ころ》も、今の自分も、変わらないと思います。自己《じこ》満足に陥《おちい》ったり、うぬぼれたりして、自分自身を失うことなく、広い視野《しや》を持って正しい方向へ進み続けられるのは、そのおかげです。

その点で言うと、「バスケをプレーし始めた頃《ころ》のように、今もプレーを楽しんでいるね」と言われたのは、最大の褒《ほ》め言葉でしたね。どれだけ有名になっても、金を稼《かせ》いだり、成功したりしても、それは変わりません。

――「他の誰《だれ》よりも練習しなきゃいけない」という気持ちが、心の片隅《かたすみ》にあるんですか？

僕《ぼく》がバスケ選手としてのキャリアやバスケ界での経歴を通して言えるのは、与《あた》えられたものなどひとつもない、ということです。父親がＮＢＡの選手という環境《かんきょう》で育ちましたが、僕《ぼく》は体格や才能の面では、かなり不利でした。体育館でプレーしている姿《すがた》を見て、「あっ、あいつはNBAに行くぞ」って言われるような選手では、なかったんです。なにせ当時のチームで一番のチビでしたから。才能の足りない点を補《おぎな》えたり、チームのプレーのレベルが上がるにつれて、周囲に差をつけられるようになったりしたのは、真面目《まじめ》にこつこつと練習に励《はげ》んだからです。

次のレベルに進み、練習量がものすごく増えた時はいつも、それこそが成功への鍵《かぎ》だと思えたのは、とても良かったと思います。NBAに入った時でさえ、その考えは変わりませんでした。NBAで十一年目を迎《むか》えた今も、「自分には才能も素質もあるけれど、ずっと活躍《かつやく》してこられたのは、バスケに注いできた努力と、時間と、いっさい手を抜《ぬ》かなかったからこそだ」と考えています。

――これまでの人生とキャリアで学んだ、最大の教訓はなんですか?

ひと言で言えば、「人は誰《だれ》しも特別なものを持っているから、それを活《い》かすこと」ですね。

僕《ぼく》の場合、本来の自分とは違《ちが》う人格になって、周囲に合わせたり溶《と》け込《こ》んだりしようとすれ

みんなによく言うのは、

何をするにせよ、

最高の自分を出せばいい、ということ。

他人の描《えが》く人生を生きる必要などありません。

ば、それもできたと思います。でも、本当の自分らしさや人としてのあり方、僕《ぼく》ならではのユニークさを活《い》かし、それを表に出すことで、とてつもないパワーをもらっていた気がします。NBA選手のイメージは色々《いろいろ》ですし、アスリート全般《ぜんぱん》に対する世間のイメージもありますが、そういった型にとらわれることなく、僕《ぼく》ならではのユニークな行動をとり、自分自身でいられることに、心底満足しています。

僕《ぼく》の話に耳を傾《かたむ》けてくれる人には誰《だれ》にでも、本来の自分を活《い》かし、自分らしくふるまうように勧《すす》めているんですよ。それだけで、十分です。

もちろん働く必要があるし、成長して進化し続けなければなりませんが、人は誰《だれ》しもユニークな存在《そんざい》なんですから、そのユニークさを活《い》かして、自分の人生を生きていけばいいんです。

――良い結果を出せなかったり、うまくいかなかったり、計画通りに進まなかったりした時、どのように対処《たいしょ》してきましたか？　どう折り合いをつけたんですか？

そういうことは、間違《まちが》いなく、何度も経験しましたね。スポーツの世界ではよくあることですが、度重《たび》なる怪我《けが》や手術で完全アウトになり、自分が望むレベルで再びプレーできるのかわからない状態にまで、追い込《こ》まれたこともあります。バスケを奪《うば》われた気がしましたね。

そういう時にこそ、自分の仲間は誰《だれ》なのか、はっきりとわかります。ありのままの自分を愛してくれ、何も求めず、何も望まず、励《はげ》ましてくれ、気持ちを高めてくれ、ここぞという時にこれぞという言葉をかけてくれる人を見つけるのがどれだけ重要か、わかるんです。

そういう人を見つけるのは、人生において極《きわ》めて重要です。人は、ひとりじゃ何もできないんですから。

僕《ぼく》は、ものすごく辛《つら》くて、暗く沈《しず》んでいた時代に僕《ぼく》を支えてくれた、頼《たよ》りになる仲間に恵《めぐ》まれました。僕《ぼく》も、誰《だれ》かに頼《たよ》られる仲間になりたいです。

コミュニティーとか、家族とか、どういう仲間かは人それぞれですが、落ち込《こ》んでいる時に応援《おうえん》し、助けてくれる存在《そんざい》は、誰《だれ》にでも必要です。

――あなたにとって、リーダーシップとは?

私心《ししん》がないこと。そして、自分が他人に与《あた》える影響力《えいきょうりょく》や、他人に与《あた》えうる影響力《えいきょうりょく》を、きちんと把握《はあく》していること。

リーダーには、さまざまなタイプがあります。大きく分けると、熱狂《ねっきょう》的なファンを獲得《かくとく》し、ファンを通じて意見を広めるタイプと、自らの行動でリーダーシップをとるタイプですが、このふたつの間にありとあらゆるタイプの人がいます。

僕《ぼく》は、どちらかというと、自らの行動でリーダーシップをとるタイプですね。率先して誰《だれ》より勤勉《きんべん》に働こうとします。そうすれば、長い目で見て周囲に差をつけられますから。なにが起ころうと、行動は一貫《いっかん》させなければならないと、わきまえてもいます。

子どもの頃《ころ》は、誰《だれ》かが必ずおまえを見ている、と言われて育ちました。それだけでも、教訓になりますよね。そのせいか、チーム内でも家族の中でもそれ以外の場でも、リーダーシップをとることに抵抗《ていこう》はなくなっていきました。

常に学び、常に成長する。立場の違《ちが》いはあるにせよ、それこそが、偉大《いだい》なリーダーに共通する資質だと思います。偉大《いだい》なリーダーは常に学び、常に高い目標を定め、厳《きび》しい状況《じょうきょう》でも一番成長するものです。

――現時点で、世界に、もっと必要なことは何だと思いますか？

うわっ！　たくさんありますよ。ざっくり言うと、ポジティブでいること、かな。

一部の世界のリーダーやソーシャルメディアなどを見れば、ネガティブ志向がものすごく強いことがわかります。でも、幸せなことやポジティブなことも、たくさん起きているはず。それについてもっと発信し、もっとシェアするべきです。そうしてうまくいけば、人々《ひとびと》を鼓舞《こぶ》して励《はげ》まし続けるような奇跡《きせき》が、起きてくれるんじゃないかと思います。

この世には不快なこともたくさんありますが、素晴らしいことをしている人も大勢います。ローカルからグローバルまで、あらゆるレベルで、コミュニティーを変えようとしている人たちが、大勢いるんです。僕《ぼく》自身、こうしてしゃべりながら、おまえもやれって自分に言いきかせていますよ！

とにかく、人生で起きているポジティブなことを、もっと発信し続けること。そして、ポジティブなことをシェアするのをためらわないこと。誰《だれ》かに影響《えいきょう》を与《あた》えられるのなら、それが一人でも百万人でも、まちがいなく成功ですから。ネガティブ志向よりポジティブ志向のほうが強くなれば、いいですよね。

——二十歳《はたち》だった頃《ころ》の自分にアドバイスをするとしたら?

まずは、シートベルトをしめろ、と言いますね。これから想像を超《こ》えるジェットコースターの人生が待っているから、シートベルトをしめろ、と。当時の僕《ぼく》は間違《まちが》いなく、そんなことになるなんて、夢にも思っていませんでした。そして、ジェットコースターだけど、人々《ひとびと》に影響《えいきょう》を与《あた》える素晴らしい旅になるぞ、と伝えます。あとは、前の質問でも答えましたが、自分らしく生きろ、ですね。そうすれば、一日の終わりに「今日は成功した」と言えるでしょう。とにかく、自分らしく生きること。秘訣《ひけつ》はそれですね。

エピローグ

今、我《わ》が家では、奇跡《きせき》が起きている。それが終わってしまう前に、どうしても書いておきたい。奇跡《きせき》の証拠《しょうこ》として、残しておくために。

では、その内容とは？「六歳《さい》になる娘《むすめ》のライリーが、両親のようになりたいと思っている」ということだ。

もちろん、そんな奇跡《きせき》が長続きするはずがないことは、わかっている。じきに反抗期《はんこうき》がやってくることも、わかっている。でも、今は？

僕《ぼく》ら夫婦は、ライリーにたずねた。「大人になったら、何になりたい？」娘《むすめ》は即座《そくざ》に答えた。

「バスケ選手で料理人」（訳注《やくちゅう》：カリーの妻アイーシャは有名な料理人。レストランを経営している）

さっきも言ったけれど、最近のライリーは、両親をかなり意識している。

もちろん、嘘《うそ》をつく気はない。前回、同じ質問をした時は、「メーキャップアーティスト」と「騎手《きしゅ》」だったから、今回もどうなるかわからない。娘《むすめ》の人生設計はすべて把握《はあく》している、なんて言うつもりもない。うちの娘《むすめ》は、料理本を出してからバスケを始めるのか？　それともバスケをしてから、レストラン帝国《ていこく》を築くつもりなのか？

いずれにしても、技術は身に着けている。バスケでいうと、もう百回連続でドリブルできるようになったし、今は左手のシュートが合格レベルに達するよう、僕《ぼく》と特訓中だ（そう、ジャンプシュートで左手を使うのは、反則じゃない）。

料理でいうと、ライリーはいろいろなレシピに熱中している。パスタからケーキ、卵《たまご》料理、そしてスライムもだ！　専用《せんよう》ラボでいろいろ作りながら、僕《ぼく》ら夫婦にカメラをセットさせ、ユーチューバーごっこをしている。もう、最高に楽しい！　スライムを食べることはお勧《すす》めしないが（ネバネバすぎる）、すでに基礎《きそ》はできあがっている。その基礎《きそ》とは、「エリートレベルの創作《そうさく》レシピ」と「とてもクリエイティブなカラー選択《せんたく》」だ。

とにかく、素晴らしい。真面目《まじめ》な話、両親を手本として認《みと》めてくれ、両親のようになりたいと思ってくれる娘《むすめ》がいるなんて――。本当にありがたい。

けれど、同時に、ライリーが本格的に人格を形成し始める年齢《ねんれい》に差しかかったことで、僕《ぼく》も人生経験を積ませてもらっている。

僕《ぼく》自身は、母のソニアに育てられて運が良かった。母は確固たる信念を持った素晴らしい女

郵便はがき

料金受取人払郵便

牛込局承認

3094

差出有効期間
2021年1月9日
切手はいりません

162-8790

東京都新宿区
早稲田鶴巻町551-4

あすなろ書房
愛読者係　行

■ご愛読いただきありがとうございます。■
小社のホームページをぜひ、ご覧ください。新刊案内や、
話題書のことなど、楽しい情報が満載です。
本のご購入もできます➡http://www.asunaroshobo.co.jp
（上記アドレスを入力しなくても「あすなろ書房」で検索すれば、すぐに表示されます。）

■今後の本づくりのためのアンケートにご協力をお願いします。
お客様の個人情報は、今後の本づくりの参考にさせて頂く以外には使用いたしません。下記にご記入の上（裏面もございます）切手を貼らずにご投函ください。

フリガナ お名前	男・女	年齢　　歳
ご住所　〒		お子様・お孫様の年　　歳
e-mail アドレス		
●ご職業　1主婦　2会社員　3公務員・団体職員　4教師　5幼稚園教員・保育士　6小学生　7中学生　8学生　9医師　10無職　11その他（　　　）		

※引き続き、裏面もご記入ください。

● この本の書名（　　　　　　　　　　　　　　　　　　　　　　　　　）
● この本を何でお知りになりましたか？
1 書店で見て　2 新聞広告（　　　　　　　　　　　　　　新聞）
3 雑誌広告（誌名　　　　　　　　　　　　　　　　　　　）
4 新聞・雑誌での紹介（紙・誌名　　　　　　　　　　　　）
5 知人の紹介　6 小社ホームページ　7 小社以外のホームページ
8 図書館で見て　9 本に入っていたカタログ　10 プレゼントされて
11 その他（　　　　　　　　　　　　　　　　　　　　　　）
● 本書のご購入を決めた理由は何でしたか（複数回答可）
1 書名にひかれた　2 表紙デザインにひかれた　3 オビの言葉にひかれた
4 ポップ（書店店頭設置のカード）の言葉にひかれた
5 まえがき・あとがきを読んで
6 広告を見て（広告の種類〈誌名など〉　　　　　　　　　）
7 書評を読んで　8 知人のすすめ
9 その他（　　　　　　　　　　　　　　　　　　　　　　）
● 子どもの本でこういう本がほしいというものはありますか？
（　　　　　　　　　　　　　　　　　　　　　　　）
● 子どもの本をどの位のペースで購入されますか？
1 一年間に10冊以上　2 一年間に5〜9冊
3 一年間に1〜4冊　4 その他（　　　　　　）

● この本のご意見・ご感想をお聞かせください。

※ご協力ありがとうございました。ご感想を小社のPRに使用させていただいてもよろしいでしょうか　（1 YES　2 NO　3 匿名ならYES）
※小社の新刊案内などのお知らせをE-mailで送信させていただいてもよろしいでしょうか　（1 YES　2 NO）

性で、モンテッソーリ教育の学校（クリスチャン・モンテッソーリ・スクール・オブ・レイクノーマン）*〈viii〉を創設《そうせつ》する度胸《どきょう》と理想を持ちあわせていた。さらに、母同様、確固たる信念を持った素晴らしい女性、アイーシャと七年前に結婚《けっこん》できたのも運が良かった。アイーシャは事業に成功しているだけでなく、三人の子どもの母親としても満点だ。

おかげで、僕《ぼく》はこれまでずっと、アメリカで女性として生きるのがどういうことか、教育されてきた気がする。

なかでも強烈《きょうれつ》に教えられたのは、つねに女性の話に耳を傾《かたむ》け、つねに女性を信じることと、女性に対する世間の評価で「正しい」とされる認識《にんしき》はつねに疑《うたが》え、ということだ。

こういった教えは、以前から、僕《ぼく》の頭の中にあったと思いたい。

それでも、だ。

長女のライリーと次女のライアンは、成長が早い。おかげで僕《ぼく》とアイーシャは、この世で生きていけるように娘《むすめ》たちを育てつつ、あれよあれよという間に、その娘《むすめ》たちの目を通して世間を見るようになった。おかげで、男女平等という認識《にんしき》がより身近でリアルになったことは、認《みと》めざるを得ない。

ふたりの娘《むすめ》には、将来《しょうらい》、「君たちができるのはここまでだ」と、自分の人生を他人に決められるようなことは絶対にないと信じて、育ってほしい。男か女かで考え方や生き方や行動が決められてしまうことのない世界で、育ってほしい。大きな夢を持ってもいいし、正当に扱《あつか》われる分野でキャリアを追求してもかまわないと、信じて育ってほしい。もちろん、給料も公平であるべきだ。

そして、この理想を一刻《いっこく》も早く実現する方法を、すべての人が一丸となって考えることが重要だと思う。娘《むすめ》を持つ父親だからとか、そういう理由だけではない。「男女平等の日」（訳注《やくちゅう》：8月26日）だけ考える問題でもない。この国で男女の賃金《ちんぎん》格差を縮《ちぢ》めるには、毎日、働きかける必要がある。

なぜなら賃金《ちんぎん》格差は、毎日、女性に悪影響《えいきょう》を与《あた》えているから。毎日、女性のあり方や女性への評価に誤《あやま》ったメッセージを送っているから。女性にはなれるものとなれないものがあるといった間違《まちが》ったメッセージを、毎日、女性に送り続けているからだ。

先週、僕《ぼく》は女子のためのバスケのキャンプを主催《しゅさい》し、そこで一生忘《わす》れられない体験をした。絶対にまた主催《しゅさい》するつもりなので、第一回と呼《よ》ぶことにしたい。このキャンプは、本当に楽しかった。バスケが大好きな二百人の女子と一緒《いっしょ》にコートに出て、みんながプレーするのを見るだけでも、楽しかった。

けれど、このキャンプはただ楽しいだけでなく、世間の目を変えることにもつながるんじゃないかと思う。ＮＢＡ選手がバスケのキャンプを主催《しゅさい》すると聞いても、無意識のうちに男子のキャンプだと決めつけたりしなくなる、といったように。最終的には、女子バスケが「女子」と限定されるのではなく、ただの「バスケ」となればいい。女子がプレーし、全員が楽しむゲームになればいい。

キャンプを開催《かいさい》する僕《ぼく》らは、必ず世界に通用するキャンプにすると決めている。では、それを今日の世界にあてはめると？　積極的に多様性を受け入れなければ、世界に通用するとはいえない、ということになる。

さっきも触《ふ》れたように、このキャンプは本当に素晴らしかった。あんなに熱心な子どもたちは、見たことがない。これまで参加した男子のキャンプではいつも、元気に走りまわり、興奮《こうふん》してプレーする子が数人いた。けれどこのキャンプでは、参加した女子全員がそうだった。あらゆることを吸収《きゅうしゅう》しようとし、演習が終わるたびに駆《か》け寄ってきて、「ねえねえ、ステフ、子どもの頃《ころ》の練習法を教えて。私《わたし》のフォームを見てくれる?」と言ってくる。もう、本当に、特別だった!

しかもあの子たちは、コートの中だけでなく、コートの外でも熱心だった。実戦練習のあとは、スポーツ界とビジネス界という、昔から男性に独占《どくせん》されてきた分野で成功している数名の女性との質疑《しつぎ》応答の時間を設けた。その時、あの子たちはさまざまな質問をして、僕《ぼく》を唸《うな》らせたのだ。あの子たち全員に共通している思慮《しりょ》深さ、心遣《こころづか》い、高い成熟度《せいじゅくど》といったものに、僕《ぼく》はひたすら圧倒《あっとう》された。

たとえばある子は、JPモルガン・チェース(訳注《やくちゅう》:ニューヨークに本社を置く世界有数のグローバル総合金融《きんゆう》サービス会社)のアリエル・ジョンソン・リン(国際スポーツ&エンタテインメント・マーケティング部門の常務取締役《じょうむとりしまりやく》)に、「会議で名案を思いついたけれど、会議のメンバーのうち、女性は自分だけで、あとの八人は男性だった場合、提案するのに二の足を踏《ふ》みますか？　職場での男女比によって、言葉遣《ことばづか》いや身振《みぶ》りや声の調子を変えますか？」と質問した。

これには、ただただ、驚愕《きょうがく》した。わずか十四歳《さい》の子が、その優《すぐ》れた知識と認識《にんしき》で、キャンプ後の質疑《しつぎ》応答の内容を大幅《おおはば》にレベルアップさせたのだ。

彼女《かのじょ》の質問は、今の職場で若《わか》い女性たちが、つねにつきつけられている質問といってもいい。男女不平等は当然予期しておくべきこととして、いまなお女性の間に根強く残っているのだから。

この質問に対するアリエルの答えは、見事だった。

かいつまんで説明すると、「職場でうまくやる秘訣《ひけつ》は、自分らしくふるまうこと。努力し、高みをめざすべきだが、つねに自分らしくふるまうこと」。キャンプに参加していた女子たちは、「うんうん」と、全員そろってうなずいていた。正直に言おう。あのキャンプは、僕《ぼく》にとって、強烈《きょうれつ》なひと時だった。彼女《かのじょ》たちを手本となる人物に引きあわせ、経験やアイデアを共有し、あとはひたすらバスケをし、自分らしくふるまう場を僕《ぼく》らが提供《ていきょう》できたことに、満足していた。中でも質疑《しつぎ》応答こそがメインイベントだった。

しかしあのひと時は満足したが、今の社会の現状にはとても満足できない。むしろ、事態を好転させるために奮闘《ふんとう》中の女性たちをできるかぎり応援《おうえん》したいと、これまで以上に強く思っている。

みんなで、男女間にあるチャンスの差を縮《ちぢ》めよう。賃金《ちんぎん》格差を縮《ちぢ》めるように、働きかけよう。この問題を、力を合わせて解決しようじゃないか。

「女性には正当な扱《あつか》いを受ける価値《かち》がある」というのは、政治マターだけではないはず。みんなの意見が一致《いっち》しないことでもないはず。

そんなはずはない。

今年（二〇一八年）の初夏、NBAファイナルが終わって数週間後、僕《ぼく》ら夫婦に第三子が生まれた。名前はキャノン。初めての男の子だ。キャノンが生まれてからずっと、考えていることがある。それは、現代の世界で男の子を育てることに、どういう意味があるのか、ということだ。

キャノンは男の子というだけで、二人の姉には手が届《とど》かない人生のチャンスがあることは、すでに予想がつく。親として、それをどう理解すればいいのか？　今の時代、息子《むすこ》にどんな価《か》値観《ちかん》を教えればいいのか？

考えることは、山ほどある。それでも最終的に行きつく答えは、とても単純《たんじゅん》だと思う。

それは、先週のキャンプの女子たちに、僕《ぼく》らが伝えたのと同じこと。「秘訣《ひけつ》は自分らしくふるまうこと。努力し、高みをめざすべきだが、つねに自分らしくふるまうこと」だ。

キャノンには、つねに女性の話に耳を傾《かたむ》け、つねに女性を信じることを教えたい。そして、女性に対する世間の評価で「正しい」とされる認識《にんしき》はつねに疑《うたが》え、とも教えたい。

さらに、キャノンの世代にとって、男女平等を本気で支援《しえん》するには、男女平等について学ぶだけでは不十分だということも、わからせたい。

実際に行動しなければならない、ということだ。

さあ、座学《ざがく》は終わり。行動に出よう。

ステフィン・カリーのエッセイ「身近になったこと」『プレーヤーズ・トリビューン』

二〇一八年八月二十七日

ステフィン・カリーについて

ステフィン・カリーは、サンフランシスコに拠点《きょてん》を置くNBAのゴールデンステート・ウォリアーズ所属のプロバスケットボール選手。ポジションはポイントガード。NBAのキャリアでは、史上初めて満票でMVPに輝《かがや》くなど、数多くの史上初記録を達成してきた。二年連続でMVPに輝《かがや》いた数少ない選手でもある。オールスターに六回*〈ix〉（訳注《やくちゅう》：二〇一四―一九年）選出され、所属チームはNBAファイナルで三回優勝《ゆうしょう》している。

カリーはオハイオ州アクロンで生まれた。父親のデル・カリーは元NBA選手。息子《むすこ》のステフィンが生まれる前にユタ・ジャズとクリーブランド・キャバリアーズでプレーし、その後シャーロット・ホーネッツに移籍《いせき》した。幼《おさな》かったステフィンと弟セスは父親のゲームを観戦していた。デルがホーネッツ退団後にカナダのトロント・ラプターズに所属した時は、一家でカナダに移住した。

カリーはバージニア工科大学でプレーするのが第一希望だったが、華奢《きゃしゃ》な体格のせいでウォークオン（奨学金《しょうがくきん》なし）のオファーしか受けられなかったため、地元のデイビッドソン大学に進学し、デイビッドソン・ワイルドキャッツでプレーすることになった。ワイルドキャッツ選手時代はサザン・カンファレンストップの平均得点記録を残し、サザン・カンファレンスの最優秀《ゆうしゅう》選手に二回（訳注《やくちゅう》：二〇〇七―〇八シーズンと二〇〇八―〇九シーズンの二年連続）選ばれた。大学二年時には、ＮＣＡＡ（全米大学体育協会）のスリーポイントシュート成功数新記録も樹立《じゅりつ》している。

カリーは二〇〇九年のＮＢＡドラフトでゴールデンステート・ウォリアーズから指名され、以来ずっと同チームでプレーしている。数多くのスポーツ評論家《ひょうろんか》から「ＮＢＡ史上最高のシューターだ」、「スリーポイントシュートを武器に得点を重ねることで、バスケット界に革命《かくめい》を起こした」などとしばしば評価されている。シュートを放つレンジ（訳注《やくちゅう》：確率よくシュートを入れる範囲《はんい》）も驚《おどろ》くほど広いことで知られ、一貫《いっかん》してスリーポイントラインの九、十メートル後ろからシュートを放っている。

二〇一一年、カリーは長年の恋人《こいびと》、アイーシャ・アレクサンダー（カナダ系《けい》アメリカ人。有名料理人で、レストランを経営し、タレント業の傍《かたわ》ら、料理本を出版している）と結婚《けっこん》。現在は、三人の子どもがいる。

二〇一九年には、妻アイーシャと共に、子どもが有意義な生活を送れるよう、飢餓《きが》と闘《たたか》い、教育を提供《ていきょう》し、運動を推進《すいしん》する〈Eat. Learn. Play.（栄養・教育・運動）財団〉を創設《そうせつ》した。

カリーは、プロスポーツ界における卓越《たくえつ》した社会貢献《こうけん》を称《たた》えるジェファーソン賞や、BETアワード（訳注《やくちゅう》：エンタテインメント業界で活躍《かつやく》しているアフリカ系《けい》アメリカ人やマイノリティに対して贈《おく》られるアメリカの文化賞）の最優秀《ゆうしゅう》男性アスリート賞、ESPY賞（訳注《やくちゅう》：あらゆるジャンルのスポーツ選手を対象とした、米大手スポーツ専門《せんもん》チャンネルESPN主催《しゅさい》の賞）の最優秀《ゆうしゅう》男子選手賞、NBA最優秀《ゆうしゅう》選手賞など、数多くの賞を受賞している。

プロジェクトについて

「真のリーダーは、緊張《きんちょう》を和《やわ》らげることに注力しなければならない。細やかな配慮《はいりょ》を要する複雑な課題にとりくんでいる時はとくにそうだ。過《か》激《げき》な勢力が力を伸《の》ばすのは社会が緊張《きんちょう》状態にある時が多く、感情にまかせれば合理的に考えられなくなる」

――ネルソン・マンデラ

このシリーズは、ネルソン・マンデラの生涯《しょうがい》に着想を得て、現代の影響力《えいきょうりょく》をもつリーダーたちが真に重要と考えていることを記録し、共有するために編まれました。

このシリーズは、ネルソン・マンデラ財団のプロジェクトとして、その思想や価値観《かちかん》、業績によって人々《ひとびと》を助け、奮《ふる》いたたせている六人の傑出《けっしゅつ》した多彩《たさい》なリーダーたち——男女三人ずつ——との五年にわたる独自インタビューによって構成されています。

この書籍《しょせき》の販売《はんばい》から得られた原著《げんちょ》者への著作権《ちょさくけん》料は、国際連合の年次評価によって定義されるすべての開発《かいはつ》途上国《とじょうこく》、または市場経済《けいざい》移行国における翻訳《ほんやく》、ならびに本シリーズの内容にもとづく映画《えいが》、書籍《しょせき》、教育プログラムを無償《むしょう》で閲覧《えつらん》する権利《けんり》を支援《しえん》するために用いられます。

iknowthistobetrue.org

企《き》画《かく》・制作

「良い頭と良い心は、つねに最強の組み合わせだ」――ネルソン・マンデラステフィン・カリーと、このプロジェクトのために惜《お》しみなく時間を割《さ》いてくれた、我々《われわれ》の励《はげ》みとなるすべての寛大《かんだい》な指導者たちに、心より感謝します。

ネルソン・マンデラ財団

Sello Hatang, Verne Harris, Noreen Wahome, Razia Saleh and Sahm Venter

ブラックウェル&ルース

Geoff Blackwell, Ruth Hobday, Cameron Gibb, Nikki Addison Olivia van Velthooven,
Elizabeth Blackwell, Kate Raven, Annie Cai and Tony Coombe

私《わたし》たちは、世界中の社会の利益のために、マンデラが遺《のこ》した稀有《けう》な精神を広める一助となることを願っています。

フォトグラファーより

本書の肖像《しょうぞう》写真は、未熟者《みじゅくもの》の私《わたし》を指導し、手助けしてくれた、ブラックウェル&ルースの才能豊かなデザインディレクター、キャメロン・ギブが率いるチームの力添《ちからぞ》えのたまものです。私《わたし》はずっと、プロジェクトのどれかの写真を自分ひとりで撮《と》りたいと思っていました。撮《と》れると、うぬぼれていたといってもいいでしょう。しかし多くの試行と、かなりの錯誤《さくご》を重ねるうちに、キャメロンの惜《お》しみない指導と気配りがなければ、本シリーズの肖像《しょうぞう》写真はとうてい撮《と》れなかったことを思い知りました。ステフィン・カリーの撮影《さつえい》に際しては、マティ・ウォンの現場でのサポートにも感謝します。

——ジェフ・ブラックウェル

ネルソン・マンデラについて

ネルソン・マンデラは一九一八年七月十八日、南アフリカ共和国、トランスカイに生まれた。一九四〇年代前半にアフリカ民族会議（ＡＮＣ）に加わり、当時政権《せいけん》を握《にぎ》っていた国民党《こくみんとう》のアパルトヘイト（人種隔離政策《かくりせいさく》）への抵抗《ていこう》運動に長年携《たずさ》わる。一九六二年八月に逮捕《たいほ》され、その後の二十七年を超《こ》える獄中《ごくちゅう》生活のあいだ、反アパルトヘイト運動を推進《すいしん》するための強力な抵抗《ていこう》のシンボルとして着実に評価が高まっていった。一九九〇年に釈放《しゃくほう》されると、一九九三年にノーベル平和賞を共同受賞、一九九四年には南アフリカ初の民主的選挙によって選ばれた大統領となる。二〇一三年十二月五日、九十五歳《さい》で死去。

ネルソン・マンデラ財団について

ネルソン・マンデラ財団は、一九九九年、ネルソン・マンデラが大統領を退任したのちに、その後の活動拠点《きょてん》として設立された非営利団体です。二〇〇七年、マンデラはこの財団に、対話と記憶《きおく》の共有を通じて社会正義を促進《そくしん》する役割《やくわり》を賦与《ふよ》しました。

財団の使命は、公正な社会の実現に寄与《きよ》するために、ネルソン・マンデラの遺志《いし》を生かし、その生涯《しょうがい》と彼《かれ》が生きた時代についての情報を広く提供《ていきょう》し、重要な社会問題に関する対話の場を設けることにあります。

当財団は、その事業のあらゆる側面にリーダーシップ養成を組み入れる努力をしています。

nelsonmandela.org

注

*〈i〉ワーデル・ステフィン・デル・カリー1世(1964年6月25日生まれ)。元NBAプロバスケットボール選手。1986年から2002年まで、ユタ・ジャズ、クリーブランド・キャバリアーズ、シャーロット・ホーネッツ、ミルウォーキー・バックス、トロント・ラプターズでプレーした。

*〈ii〉ステフィンの祖父ジャック・カリーは、すでに1990年、ステフィンが2歳のときに逝去している。

*〈iii〉セス・アドハム・カリー(1990年8月23日生まれ)。NBAのダラス・マーベリックス所属のプロバスケットボール選手。

*〈iv〉バージニア工科大学がインターカレッジの競技で正式に使用しているチーム名。

*〈v〉NCAA男子バスケットボールトーナメント——通称マーチ・マッドネス(March Madness。三月の狂乱)——は、毎年春に全米68大学のバスケットボールチームがシングルエリミネーション方式(1対1の戦いによる勝ち抜き戦)で行うトーナメント戦。「ファースト・フォー」(First Four。1回戦の前に、61番目から68番目のチームによる試合)で4チームが脱落し、1週目は残り64校が32ゲームを行い、2週目は勝ち残った16校(「スィート・シックスティーン(Sweet Sixteen)」)が戦い、3週目は8校(「エリート・エイト(Elite Eight)」)、4週目は4校(「ファイナル・フォア(Final Four)」)と絞られていく。

*〈vi〉シカゴ・ブルズは、イリノイ州シカゴに拠点を置くＮＢＡのチーム。1995—96年のシーズンに72勝し、ＮＢＡの最多勝利記録を樹立したが、2015—16年のシーズンにゴールデンステート・ウォリアーズが73勝し、記録を塗り替えた。

*〈vii〉ヒューストン・ロケッツは、テキサス州ヒューストンに拠点を置くＮＢＡのチーム。

*〈viii〉クリスチャン・モンテッソーリ・スクール・オブ・レイクノーマン（ノースカロライナ州ハンターズビル）は、1995年、デル・カリーと妻ソニアによって創立された。

*〈ix〉ＮＢＡオールスターゲームは、ＮＢＡで毎年開催されるエキシビションゲーム。従来はイースタン・カンファレンス対ウェスタン・カンファレンスの対抗戦だったが、2018年からは各カンファレンスの最多得票を集めた選手がチームキャプテンとなり、カンファレンスに関係なく、スターターとリザーブ選手をドラフト指名して、チームを編成する方式に変更された。

出典

*1　ステフィン・カリーのエッセイ「低評価」『プレーヤーズ・トリビューン』2019年1月10日。
https://www.theplayerstribune.com/en-us/articles/stephen-curry-underrated.

*2　ロハン・ナドカルニ「NBAはステフィン・カリーのようなシューターを見たことがない」『スポーツ・イラストレイテッド誌』2018年5月31日
https://www.si.com/nba/2018/05/31/stephen-curry-nba-finals-warriors-shooting-statistics.

*3　ジャック・ホームズ「バスケットボール界の革命児ステフ・カリー、コートの外で変化を求め始める」『エスクワイア誌』2018年4月5日
https://www.esquire.com/sports/a19672413/steph-curry-interview-trump/.

Pages 7, 35: Stephen Curry, "The Noise", theplayerstribune.com,12 November 2017, theplayerstribune.com/en-us/articles/stephen-curry-veterans-day; pages 12-13, 19-23, 26-29, 32-34: 36-37 Stephen Curry, "Underrated", theplayerstribune.com, 10 January 2019, theplayerstribune.com/en-us/articles/stephen-curry-underrated; page 13: "The NBA Has Never Seen a Shooter Like Stephen Curry", Rohan Nadkarni, Sports Illustrated, 31 May 2018, si.com/nba/2018/05/31/stephen-curry-nba-finals-warriors-shooting-statistics; page 14: "Steph Curry, Basketball Revolutionary, Is Starting to Chase Change Off the Court", Jack Holmes, Esquire, 5 April 2018, esquire.com/sports/a19672413/steph-curry-interview-trump; pages 17, 25, 51: Golden State Warriors Media Conference, 4 May 2015, asapsports.com/show_conference.php?id=108794; pages 61-69: Stephen Curry, "This Is Personal", theplayerstribune.com, 27 August 2018, theplayerstribune.com/en-us/articles/stephen-curry-womens-equality; pages 76, 78: Nelson Mandela by Himself: The Authorised Book of Quotations edited by Sello Hatang and Sahm Venter (Pan Macmillan: Johannesburg, South Africa, 2017), copyright © 2011 Nelson R. Mandela and the Nelson Mandela Foundation, used by permission of the Nelson Mandela Foundation, Johannesburg, South Africa.

I Know This to Be True: Stephen Curry
Edited by Geoff Blackwell and Ruth Hobday

Acknowledgements for permission to reprint previously published
and unpublished material can be found on page 93.

Japanese translation rights arranged with
CHRONICLE BOOKS
through Japan UNI Agency, Inc., Tokyo

NELSON MANDELA
FOUNDATION
Living the legacy

ジェフ・ブラックウェル&ルース・ホブデイ

ジェフ・ブラックウェルは、ニュージーランドを拠点に、書籍やオーディオブックの企画・制作、展示企画、肖像写真・映像を手掛けている、ブラックウェル&ルース社のCEO。編集長のルース・ホブデイと組んで、40ヵ国の出版社から本を出版している。

橋本恵
はしもとめぐみ

翻訳家。東京生まれ。東京大学教養学部卒業。訳書に「ダレン・シャン」シリーズ、「デモナータ」シリーズ(以上、小学館)、「アルケミスト」シリーズ(理論社)、「カーシア国3部作」(ほるぷ出版)、『ぼくにだけ見えるジェシカ』(徳間書店)、『その魔球に、まだ名はない』『スアレス一家は、きょうもにぎやか』(以上、あすなろ書房)などがある。

信念は社会を変えた!
ステフィン・カリー

2020年11月30日　初版発行

編者　ジェフ・ブラックウェル&ルース・ホブデイ
訳者　橋本恵
発行者　山浦真一
発行所　あすなろ書房
〒162-0041 東京都新宿区早稲田鶴巻町551-4
電話 03-3203-3350(代表)
印刷所　佐久印刷所
製本所　ナショナル製本

ISBN978-4-7515-3004-7 Printed in Japan

日本語版デザイン／城所潤＋大谷浩介(ジュン・キドコロ・デザイン)